A MESSIEURS

LE VICOMTE

DE CHATEAUBRIANT,

DE JUSSIEU et DE SALVANDY;

M. CHAUVIN.

Il y a de la révolte à supposer qu'on puisse se révolter; ce sont là les contes ridicules de ceux qui la veulent; l'autorité du Roi y mettra bon ordre :

(Paroles de la reine Anne d'Autriche au cardinal de Retz.)

SE VEND : 1 FRANC.

Paris,

CHEZ ADRIEN LECLERC ET COMPAGNIE,
QUAI DES AUGUSTINS, N° 35.

1827.

DE CHATÉAUBRIANT,

Paris.

Chez Abel Ledieu et Compagnie,

IMPRIMERIE DE A. CONFIAM,
Rue du Faubourg Montmartre, N. 4.

AVERTISSEMENT.

LES *amis* de la *liberté* de la *presse* ont juré
d'anéantir les ordonnances du 24 juin dernier.
Les publications gratuites qu'ils aunoncent,
sont destinées à recueillir les *rognures* des journaux, et toutes choses que ne permet pas la censure. Jusqu'à présent, les *amis* ne sont pas nom-
breux; mais c'est M. de Châteaubriant qui les
commande en personne, ils peuvent se croire
une armée.

M. de Châteaubriant, M. de Jussieu, M. de
Salvandy; puis, M. de Salvandy, M. de Châteaubriant; puis encore, M. de Salvandy. Le noble

vicomte avait annoncé leurs écrits, maintenant il en fait l'éloge; l'alliance est étroite.

Tout espoir est-il donc perdu? ne se trouvera-t-il pas un royaliste qui s'attache au manteau du noble pair, et le ramène aux pieds du fils de Saint-Louis? C'est là qu'il voulait vivre, c'est là qu'il doit mourir.

A MESSIEURS

LE VICOMTE

DE CHATEAUBRIANT,

DE JUSSIEU et DE SALVANDY.

MESSIEURS,

Votre trinité m'embarrasse, et j'ai besoin de distinguer pour vous répondre. La mesure et le respect que m'impose M. le vicomte de Châteaubriant, je ne les dois ni à un jeune officier de l'empire, ni à un compagnon d'études. Vos écrits, d'ailleurs, diffèrent par le fonds; on voit encore le noble pair prosterné aux pieds du trône, invoquer l'*honneur* et la *religion* du monarque. Mais M. de Jussieu proclame la révolution *commencée sans retour;* et dans les longues périodes du jeune écrivain, flotte déjà l'étendard d'un nouveau prince d'Orange. Quant à vous M. de Salvandy, si le *cap des tempétes a été dépassé,* si le *pied a été mis dans le rubicon,* cette vague énergie nous permet d'espérer jus-

qu'à la fin. Vous annoncez, il est vrai, une grande bataille entre la *France* et le *pouvoir ;* mais vous placez si bien les combattans du même côté, qu'il ne peut y avoir beaucoup de morts ni de blessés. Aussi je dois le dire ; vos argumens et vos anathèmes ne m'ont guère paru que du délayage de journaliste, et de l'enflure doctrinaire.

Si l'écrit de M. de Châteaubriant, et les phrases de M. de Jussieu révèlent une pensée différente ; le gouvernement n'a pas deux luttes à soutenir. L'exaspération et la haine servent trop bien une faction, qui depuis long-temps fait guerre à mort à la dynastie. Toutefois je ne confondrai pas les personnes ; et si M. de Châteaubriant *rend* à M. de Jussieu, le *service* d'annoncer ses brochures, je me souviendrai qu'il a rendu des services à la monarchie. Que le noble pair annonce maintenant les pamphlets libéraux, la France n'oubliera point qu'il a fait des *rapports* au *Roi*.

L'oracle devait-il être sitôt accompli ! A peine quelques mois sont écoulés, depuis que M. le baron Dupin appelait la *génération nouvelle* à la possession du monde. Et voici M. Jussieu, naguère sur les bancs, qui prend le ton du maître, régente le pouvoir et l'opposition, enseigne les Chambres et menace le Roi. C'est aller un peu vîte à l'entrée de la carrière; et il est à regretter que M. le baron Dupin, qui n'est ni un *novateur*, ni un *faiseur* de *systèmes*, n'ait pas signalé les abîmes de la route où il nous pousse. Mais par quelle déplorable fatalité, M. de Châteaubriant se fait-il l'introducteur de ces nouveaux propriétaires? Placé par son âge entre les deux générations, et appartenant à la première, par les doctrines et les affections de toute sa vie; il y a quelque chose de théâtral et d'indigne, à le voir donner la main à un membre de la *génération nouvelle* et *envahissante*. C'est une entrée en scène qui n'a dû beaucoup plaire qu'à M. Dupin.

Il ne me reste plus de scrupules. Si M. de Châteaubriant seul accusait le *parti religieux* et *royaliste*, j'attendrais patiemment qu'un adversaire plus digne se présentât et lui répondit. C'est la génération nouvelle que l'on met en avant, ce sont des jeunes gens qui agitent l'opinion, et appellent la révolte; il appartient à des jeunes gens de prémunir l'opinion contre des agitateurs insensés, et de défendre la mo-

narchie contre de funestes provocations. S'il
m'échappe des paroles sévères, elles ne s'a-
dressent point au noble pair; qu'elles retombent
toutes sur MM. de Jussieu et Salvandy, je ne
leur dois que la vérité.

L'ordonnance de censure du 24 juin dernier,
est le texte commun de vos accusations et de vos
menaces. L'origine de cette mesure, on le pense
bien, s'est trouvée dans le *système rétrograde*
des *Jésuites*, dans leur pensée secrète d'*absolu-*
tisme. M. de Montlosier, Messieurs, est encore
tout vivant dans vos souvenirs, malgré le talent
et la loyauté de M. Madrolle, malgré les efforts
de plusieurs écrivains distingués. Je n'ai point
mission de défendre la *Societé de Jésus*, que
j'aime et que je révère. De lumineuses discus-
sions, des *documens* (1) décisifs répondent aujourd'hui aux mensonges des parlemens, à l'impudence des journalistes. Je ne justifierai pas
non plus cette *congrégation*, où des chrétiens
s'imposent une vie plus sévère et plus sainte,
où des catholiques s'excitent plus vivement à la

(1) Documens historiques, critiques, apologétiques, con-
cernant la Compagnie de Jésus. Chez Mlle Carié dela Charrie,
rue de l'Ecole-de-Médecine, n° 4.

piété et aux bonnes œuvres. Comment s'intéresser à des hommes qui renoncent aux voies larges du monde, pour marcher dans la voie étroite de l'Évangile et de Jésus-Christ? Y a-t-il moyen de ne pas exécrer des fidèles, qui, pour obéir au *Sauveur* du monde, implorent la protection de son auguste *Mère?*

Qu'il me soit permis du moins de déposer ici mon témoignage, sur des hommes que l'on assaillait naguère d'injures atroces et d'absurdes calomnies. J'ai vu ces héros de la faveur et de la puissance, j'ai vu ces *révérends-pères*, dont le *trois-cornes* dans les conseils du roi de France, semble plus terrible que la botte de Charles XII dans le sénat de Stokolm. L'Étudiant de la rue Saint-Jacques n'aurait rien à disputer, au chétif ameublement qui garnit leurs chambres; et leur triste grabat effraie encore ma mollesse mondaine. Jamais on ne trouva nulle part, cette onctueuse éloquence, cette piété touchante, cette incroyable humilité (1).

(1) Cette humilité même est le motif le plus rigoureux qui m'ait interdit de parler de ces hommes vénérables ; outre que je n'y suis point autorisé, et que j'espère une occasion plus favorable.

Mais je reviens à vous, Messieurs, je vous entends crier à la *tyrannie*, à *l'absolutisme*. Une fois pour toutes, il faut s'expliquer sur ces mots fastidieusenent répétés; il faut voir si un parti menteur et odieux n'en a pas fait le plus ridicule épouvantail. Qui veut la tyrannie, et comment la veut-on? Qu'est-ce que la liberté, où tend cette expression vague et métaphysique, telle qu'elle circule dans les salons et dans les pamphlets?

Il y aurait d'abord une rare ignorance de l'homme et des faits, à supposer que les gouvernemens puissent, à leur gré, imposer la servitude ou donner l'indépendance. Ce sont là des mots de vieux style, qui ont perdu leur emploi dans la civilisation moderne. On croit avoir fait merveille, quand on a cité la révolution et ses trente années de ravages, les idées qu'elle a émises, les intérêts qu'elle a fondés. Mais on ne se doute guère de toute l'étendue de cette révolution, on ignore tout-à-fait ses commencemens et sa portée.

Chaque société a ses besoins qui la travaillent, chaque époque a son but d'activité qu'elle poursuit. Le but actuel de la France, les besoins qui poussent une partie de l'Europe, sont l'*indus-trie* et la *science*. Dans l'ancien ordre de choses, tout était collectif; dans le nouveau, tout veut devenir individuel. La division du travail et de la propriété, fait de chaque personne, un centre vivace et résistant; et les pouvoirs politiques s'affaiblissent nécessairement de toutes ces forces personnelles. Ne voyez donc pas la révolution dans le drame anarchique de 1789; la véritable *révolution* consiste dans l'*industrie* qui a remplacé la guerre, dans le *savoir* qui a diminué la *foi*. Tout cela était accompli, quand ont paru les *acteurs* de la constituante. Et ne croyez pas qu'à aucun acte de ce drame sanglant, on ait compris les intentions du grand mouvement qui s'opérait; voyez plutôt le dénoûment, Buonaparte avec ses conquêtes et sa féodalité.

Ni les organisations décrétées, ni les garanties de parchemins ne sont dans les besoins de l'époque; ce que veulent les masses, c'est *travailler* et *savoir*. Il y avait contre-sens dans les *Syeyes* et les *Target*, dans les *Condorcet* et les *Brissot*, alors qu'ils réclamaient si instamment une constitution écrite, alors qu'ils stipulaient avec tant de soin les clauses d'indépendance des citoyens. Il y a aujourd'hui de la niaiserie et du don. Quichottisme, à parler de *tyrannie*, de *pouvoir absolu*. Les individualités ont grandi de toutes parts, chacun a son travail et sa science ; le pouvoir seul est resté sans grandir, stupéfait qu'il était de ne plus trouver ses soldats enthousiastes, ni ses sujets obéissans.

Elle est telle, cette révolution, sans cesse invoquée et sans cesse méconnue ; que l'indépendance individuelle n'a besoin ni de charte, ni de constitution ; qu'elle vivrait malgré toutes les chartes et toutes les constitutions. Quand les individus sont enrégimentés pour la conquête, ou pressés sous la féodalité, je conçois qu'ils veuillent des garanties de *liberté*, contre leurs chefs ou contre leurs seigneurs. Mais quand la puissance est dans les individus, quand la vie sociale est une vie *libre*, quand tout mouvement est indépendant par sa nature ; qui donc prétendez-vous défendre, et que voulez-vous garantir ?

L'*industrie* et la *science*, voilà encore une fois la *liberté* de l'époque. La science recule-t-elle ; l'industrie est-elle comprimée ; ce serait là la tyrannie ? et sur quoi régnerait le pouvoir ? Y a-t-il du sens à craindre de nos jours la stupidité d'un suicide ? mais vous ne réclamez ni pour les *industriels*, ni pour les *savans ;* ceux-là savent à quoi s'en tenir, ils vous démentiraient. Et ne reprochez-vous pas les essais du crédit, les opérations de la bourse, l'affranchissement de Saint-Domingue? Jamais en effet, chez aucun peuple, ni dans aucun temps, on ne vit cet étonnant progrès d'une immense industrie ; jamais le *savoir* ne se communiqua avec cette incroyable rapidité de la lumière. Le monde n'a pas offert deux fois le spectacle des dix années qui viennent de s'écouler. Moi aussi, j'invoque l'inexorable *statistique* de M. Dupin (1);

En 1812, la France filait seulement dix millions de kilogrammes de coton; dès 1825, elle en filait vingt-huit millions :

En 1814, on fabriquait cent millions de kilogrammes de fonte de fer; en 1825, on en fabriquait cent soixante millions :

(1) Je trouverai bientôt l'occasion de répondre aux *conjectures électorales* de l'auteur. Je prends en ce moment les faits incontestables du livre.

En 1818, les transports par eau ne comptaient, sur nos fleuves et nos rivières, que cent cinq entrepreneurs; dès 1825, ils en comptaient deux cent quatre-vingt-six. En 1818, le nombre des voitures publiques était de six mille; en 1825, il était de quatorze mille :

Les transactions commerciales produisaient au timbre, en 1818, vingt millions; en 1825, elles produisaient déjà vingt-cinq millions :

On employait aux mines, en 1818, quatre-vingt-onze mille kilogrammes de poudre; en 1825, on en employait quatre cent vingt-cinq mille.

·Et la presse, cette presse si chère, elle a laissé bien loin tous ces accroissemens prodigieux. Lisez les calculs de M. Dupin; voici les totaux : en 1814, on avait publié quarante-cinq millions de feuilles; en 1826, on a été jusqu'à cent quarante-quatre millions. Maintenant, dites où est la puissance, et parlez de pouvoir absolu.

Loin de grandir, la royauté s'est mutilée; et les individualités, de plus en plus divergentes, se sont fortifiées de toutes les sanctions politiques. Ce qui est à redouter, ce n'est donc pas le despotisme du gouvernement; c'est l'anarchie de l'individualisme. Car la société ne peut subsister par des intérêts isolés ou contraires; les développemens même de la civilisation exigent une forte dépendance et une puissante unité. Mais cette dépendance, qui la maintiendra? et cette unité, comment la produire? Quels seront désormais les appuis de la royauté? quels pouvoirs imposeront aux entreprises d'une ambitieuse industrie? quelles limites seront laissées à un audacieux et frivole savoir? Telles sont les graves questions qui préoccupent les honnêtes gens, et exercent les véritables publicistes.

Plus les individualités sont puissantes, plus il faut de vigueur et d'énergie au gouvernement qui les régit. C'est une vérité vulgaire, que toute l'œuvre politique est dans la conformité des actes individuels à un but connu, ou à un type donné. Les parlemens ont disparu, la noblesse n'existe plus que dans l'imagination et les souvenirs; dites où la royauté trouvera ses étais? J'arrive au point le plus délicat : « La Charte, dit-on, a stipulé tous les droits; hors de la Charte, il n'y a plus qu'usurpation et parjure; et les jésuites ont remis le parjure, ils ont excommunié la Charte. » J'ose vous demander d'abord, noble Pair, si la loi des *élections* et la *septennalité* étaient écrites dans la Charte. Il y avait bien quelque importance à savoir quels seraient nos maîtres, et de quelle durée serait leur règne ?

Que l'on y songe. Ce n'est pas la *monarchie* qu'il faut bâtir *selon la Charte*, c'est la *Charte* qui doit s'organiser *selon la monarchie* (1). La tribune des deux chambres pourrait nous redire les éloquentes paroles de M. de Châteaubriant, alors qu'il appuyait, de toute sa puissance, deux mesures dont les libéraux ne perdront jamais la mémoire ; la *loi du* 29 *juin* et la *loi septennale*, *abrogations formelles* de l'art. 39 et de l'art. 40 de la *Charte*. Cette Charte n'était point alors aussi sacrée : on osait y toucher. Mais, que demande donc ce parti *religieux* et *royaliste* que le noble vicomte se reproche d'avoir *poussé au pouvoir ?* Laissons-là les anathêmes de la polémique ; quelles sont les *usurpations*, quels sont les priviléges conquis ou invoqués par les *jésuites* et le *clergé ?*

(1) C'est un livre tout entier à faire ; mais les plus belles pages ont déjà paru, et je saurai bien où les trouver.

Les registres de l'état civil, l'éducation publique, des tribunaux ecclésiastiques, le mariage religieux? Voilà les priviléges que *demande* le parti, car on ne saurait dire ceux qu'il a *obtenus*. Je ne vois dans tout cela ni *renversement*, ni *parjure*. Il m'est permis de n'avoir aucun doute, « que l'éducation publique ne doive être remise entre les mains des ecclésiastiques et des congrégations religieuses, aussitôt qu'on le pourra : c'est le vœu de la France (1). » Il m'est permis encore d'applaudir à quelques opinions du *Conservateur* et de M. de Châteaubriant, sur les *registres de l'état civil* et le *mariage religieux*.

Souvenez-vous, noble pair, des hurlemens de 1820, des conspirations de 1821, du bataillon de la *Bidassoa* en 1823; tous ces crimes avaient pour prétexte le *renversement* de la *Charte*. Que fallait-il croire alors, que faut-il croire aujourd'hui? Un seul point est changé; vous avez maintenant pour allié, ce parti que vous dénonciez à Vérone, et combattiez à Paris. Une faction républicaine et régicide, est-elle devenue tout-à-coup monarchique et amie des

(1) Monarchie selon la Charte.

Bourbons? Encore un mot; cet homme qui vous épouvantait à *Saint-Denis* (1), cet homme funeste que vous avez poursuivi et abattu aux pieds de la monarchie; si Fouché vivait, dans quels rangs irait-il se cacher?

Sans doute M. le vicomte de Châteaubriant a le droit de se plaindre; il a été indignement traité, «chassé comme le dernier des humains». Sans doute il y a dans le noble vicomte, du génie pour tout faire; il peut être à son gré défenseur du trône, ou tribun du peuple. Mais ce n'est pas en France que l'on pactise avec son Roi; il y aura toujours déloyauté à dire : Si les Rois ne veulent pas de moi, je me donne aux républiques. Ce n'est pas avec les fils de saint Louis, qu'il faut venir jeter son génie dans la balance, comme un officier de fortune ou un

(1) « Je me rappellerai toute ma vie la douleur que j'éprouvai à Saint-Denis. Il était à peu-près neuf heures du soir; j'étais resté dans une des chambres qui précédaient celle du Roi. Tout-à-coup la porte s'ouvre, je vois entrer le président du conseil, appuyé sur le bras du nouveau ministre.... O Louis le Désiré! ô mon malheureux maître! vous avez prouvé qu'il n'y a point de sacrifice que votre peuple ne puisse attendre de votre cœur paternel. »

barbare. Le temps des barbares et des officiers
de fortune est passé.

Quelque chose de plus stable et de plus fort
doit défendre la royauté ; c'est le sacerdoce catholique. L'*industrie* a tué l'enthousiasme cheva-
leresque ; mais le *savoir* n'a pu tuer la *foi*.
Après trente années de défaites et d'abaissement,
l'église a reparu en 1814 dans toute la splendeur
de sa divine origine. C'était un spectacle assez
extraordinaire dans ce siècle des lumières ; que
le Vicaire de Jésus-Christ replacé sur son trône
par les baïonnettes des hérétiques. Jamais
triomphe ne dût tant frapper les incrédules et
émerveiller les croyans.

Est-il aujourd'hui une autre puissance que la
religion, pour commander le sacrifice d'*intérêts
individuels?* Est-il une autre puissance qui fasse
jamais aimer ce *sacrifice*, par nos *industriels*
et nos *savans?* Des affections satisfaites, des intérêts triomphans ; voilà le charme tout-puissant
du siècle. Où sont les hommes qui déracinent
leurs goûts et brisent leur volonté, par une
considération humaine ? Si, à toutes les époques
de gloire et de bonheur pour les nations, l'histoire nous montre la part immense de la religion,

jamais ce lien puissant ne fut aussi indispensable que de nos jours. Aussi je n'hésite pas à le dire ; ce n'est que par la religion, par cette église catholique qui est la religion vivante, que la royauté peut maintenir ses droits et vivre en sûreté. On pourra toujours sacrifier la terre au ciel ; mais aujourd'hui, sacrifier la terre à la terre, c'est un phénomène introuvable.

Et que l'on ne m'accuse pas de faire du catholicisme un instrument politique. Toutes les fois qu'il est besoin d'exprimer une pensée profonde et une bonne doctrine; on peut emprunter la manière pittoresque et brillante de M. de Châteaubriant : « Jetez ainsi la religion et la justice dans les fondations de votre nouveau temple », disait encore le noble pair. Non, la religion ne sera point un levier humain; laissons cette fille du ciel planer librement sur la société, et nous verrons les époux plus affectueux, les pères plus tendres, les fils plus respectueux, tous les sujets plus dévoués.

Malgré l'affectation d'incrédulité, malgré l'ignorance des *industriels* et des *savans* sur les premières notions de la foi catholique; la religion n'a point perdu son empire dans les âmes.

Sans doute la race des hypocrites est ce qu'il y a de plus misérable et de plus ignoble dans l'humanité; « mais fût-il vrai qu'il n'y eût pas de catholiques en France, le devoir du ministère serait d'en faire. Loin de gouverner dans le sens de la philosophie moderne, de fortifier les principes *philosophiques* essentiellement impies; il serait coupable de ne pas employer tous ses efforts pour amener le triomphe des opinions *religieuses*. Ainsi, trouvant sous sa main, par miracle, une chambre des Députés purement *catholique;* le ministère devait s'en servir, pour changer la mauvaise opinion qu'il supposait exister dans la majorité de la France. Et qu'il ne soutienne pas que ce changement eût été impossible; les *moyens d'un gouvernement sont toujours immenses.* C'est bien après avoir été témoins de toutes les variations que la nouvelle philosophie a produites, de tous les rôles que la plupart des hommes ont joués, de toutes ces adorations adressées à la *déesse raison*, à un *être suprême* par décret; que l'on peut désespérer de ramener au catholicisme des pensées si mobiles! Et, si au lieu de supposer la majorité philosophiste, vous la supposez seulement indifférente et passive; quelle facilité de plus pour la faire pencher vers les principes religieux! C'est donc par goût et par choix, que vous la déterminez à tomber du côté de l'impiété. Vous avez dit qu'un ministre doit diriger l'opinion ; eh bien ! je vous prends par vos propres paroles : faites des catholiques, ou je vous accuse de n'être pas catholique vous-même (1). »

Le noble pair ne désavouera pas ce langage ; il est le sien ; j'ai substitué seulement l'*impiété* à la *révolution* sa digne fille ; les *catholiques* aux *royalistes* que l'on ne peut en séparer. Le *salut* est un peu plus important que la *politique* ; il y a plus de trésors ouverts dans le ciel pour ramener les *incrédules* à la *foi*, que pour *monarchiser* les *républicains*. Et ce n'est pas à l'illustre écrivain qu'il faut apprendre que « le système des intérêts révolutionnaires est surtout incompatible avec la religion ; » que « les plus grands efforts du parti se dirigent contre elle, parce qu'elle est la *pierre angulaire* de la *légitimité* » (2).

Mais ni la *religion* ni la *royauté* n'ont besoin de la *censure*, avez-vous dit : c'est un prétendu parti religieux qui veut bâillonner l'opinion et

(1) *Monarchie selon la Charte.*
(2) *Idem.*

refouler l'intelligence humaine. La censure anéan-
tit le régime représentatif, elle étouffe toute la
vitalité de la Charte, elle n'est organisée que
pour détruire une *révolution* indestructible.
Telles sont les accusations dont on a chargé l'ordonnance du 24 juin.

Dans une discussion aussi grave, il faudrait
d'abord s'abstenir des injures ; et toutes les qua-
lifications viles ou odieuses, vous les avez épui-
sées. Pourtant, Messieurs, est-il absolument impossible de penser avec les de Bonald, de Frénilly, de Castelbajac, de Sallabéry, sans être un
fanatique ou un imbécile, un renégat ou un sa-
larié ? En vérité, il faut plus que du *courage*, il
faut de la *foi* pour descendre dans l'arène telle
que vous l'avez préparée ; les hérauts sont vos
amis, et la première lance n'est pas rompue,
que votre adversaire est déjà chargé des huées
de toute l'assistance. Mais tout ce dévergondage
est impuissant, sur qui combat pour la religion
de ses pères et le ROI TRÈS - CHRÉTIEN ;
aussi, imposez à la tourbe, et renoncez à
effrayer tout ce qui a de la distinction dans
l'esprit et de la dignité dans l'âme.

Je sais que l'on accuse MM. les censeurs d'un

grand nombre d'iniquités; j'ignore qu'elle est la valeur réelle de ces accusations. Les méfaits de tel ou tel censeur ne seraient, du reste, qu'un pauvre argument contre la *censure*. Je m'en tiens donc à l'organisation de cette *censure*, telle qu'elle résulte des ordonnances insérées au *Moniteur*; et il n'est personne qui n'ait applaudi à l'institution généreuse du *conseil de surveillance*. Les hommes honorables qui siégent dans ce conseil, seraient partout une garantie de justice et de loyauté. Vous-mêmes, Messieurs, vous n'avez pas osé toucher leur caractère; et l'illustre ami de M. de Châteaubriant, M. le vicomte de Bonald, est resté une imposante autorité en faveur de la *censure*.

Ce n'est pas seulement l'ordonnance du 24 juin qui soulève l'indignation des *Libéraux*; c'est un système complet de lois *préventives*, qui va, disent-ils, se réaliser à la prochaine session. On sait à l'avance quelle est l'opinion de M. le vicomte de Bonald et de ses nobles amis, sur le *mode* de législation applicable aux *faits* quelconques de la *presse*.

Il faut commencer par le reconnaître; des hommes vraiment religieux et royalistes se sont trouvés, qui ont combattu le mode *préventif*. C'est dans les écrits si profondément catholiques de M. le baron d'Eckstein, que la *liberté absolue* de la presse a été le plus vigoureusement défendue, que le système *préventif* a été le plus fortement attaqué. Ceci, pour le dire en passant, répond à certaines calomnies dont les *révolutionnaires* aiment à charger le *sacerdoce* et la *royauté*. Mais il ne s'agit pas de rechercher, d'une manière doctrinale et absolue, si le *catholicisme* et la *monarchie* peuvent l'emporter sur l'*impiété* et la *révolution*. Moi aussi, j'ose le dire : « la chose vraiment importante, c'est l'activité des forces morales, le renouvellement de la vérité vivante : tant que le bon parti ne trouvera pas dans ses propres doctrines, de profondes inspirations ; nul salut pour sa cause » (1). Est-ce une raison toutefois ponr permettre les blasphêmes et les appels à la révolte ?

Que M. d'Eckstein se rassure ; les ordonnances n'ont pas le privilége de chasser le mauvais esprit, ni d'arracher les funestes doctrines. La censure la plus rigoureuse protégerait le

_____

(1) *Le Catholique*, n°. 17. — Chap. de la liberté de la presse dans ses rapports avec la religion et la monarchie. ;

pays, que le *mal a passé, des livres dans la société*, qu'il est impossible d'empêcher la *circulation clandestine* d'un *pamphlet*. Personne donc n'alliera le *pouvoir* au *repos*, la *paresse de l'esprit à la domination sur la pensée*; personne ne songe à placer le *bonheur de la France sous la sauve-garde de la police* (1). Plus que jamais la monarchie et la religion ont besoin d'hommes courageux et capables, de fortes doctrines et de profondes inspirations. Des pensées monstrueuses ont envahi la société; deux places nous restent encore : la *foi catholique* et la *royauté légitime*. C'est là qu'il faut combattre et triompher; c'est là qu'il faut rassembler toutes les forces de l'existence morale, tous les hauts développemens de l'intelligence, toutes les puissances de la foi et de la raison.

Je veux m'abstenir de métaphysique sur la *presse*; mais je ne puis m'empêcher de dire, que toute législation répressive ne sera jamais qu'une impuissante déception. Si la *presse* a des délits qu'il faut punir; il n'y a de peine possible que la *censure*. Comment en effet atteindre une pensée

---

(1) *Le Catholique*, n°. 17. — Chap. de la liberté de la presse dans ses rapports avec la religion et la monarchie.

que le public s'est déjà appropriée ? Qu'importe que l'auteur soit sous les verroux ? Quand on détient un voleur, on sait qu'il ne peut plus voler; la pensée qui circule, ne cesse point de faire des dupes ou des complices. Le corps du délit, l'objet volé, on le rend à son maître, toutes choses sont rétablies dans la justice; rétablissez donc dans la vérité des déclarations athées ou anarchiques. Et que l'on ne dise pas que d'autres déclarations seront opposées, qu'il y aura combat; je puis aussi casser la tête du voleur qui demande ma bourse, j'aime mieux des gendarmes qui me défendent.

Plus je médite sur les *lois* de la presse, plus il m'est évident que l'*étrangeté* du *mode préventif* est la principale raison qui ait empêché de l'adopter.—Tous les autres délits sont réprimés et non prévenus; comment punir ce qui n'existe pas?—Tous les autres délits sont des *actes*, et les délits de la presse sont des *pensées*. La pensée n'a pas les conditions d'existence d'un acte matériel, elle n'a pas besoin de se produire pour être; on la trouve complète, bonne ou méchante dans l'intelligence humaine. Dès qu'on la veut produire, qu'on la montre, elle est *jugeable*. Si l'on pouvait savoir qu'un homme se dispose à voler, si chaque voleur était tenu de faire sa déclaration au commissaire de police ; hésiterait-on à le faire arrêter, à avertir les gens, et à prévenir le vol ? Il n'y aura point, si vous voulez, de *délits*, de *peines* de la presse ; il y aura des moyens d'empêcher que des *délits* ne se commettent par la *presse*. C'est là le but de toute loi pénale, ne disputons pas sur les mots. Qu'il y ait deux ordres de justice ; dans l'un on juge des *actes*, dans l'autre on juge des *pensées*. Mais si l'on frappe les premiers, on ne fait qu'avertir et repousser les secondes.

Vous avez pu voir, Messieurs, que je ne me flattais pas trop sur les effets de la *censure;* les pensées ont été produites, il n'y a plus moyen de les arrêter. Pour ce mal, je l'avoue, il ne reste que la lutte des bons contre les méchans. Mais il ne faut pas que la bonté d'une cause inspire trop d'orgueil ; la vertu a succombé si souvent, le crime a triomphé tant de fois ! puis la sagesse sociale ne doit pas être la fierté individuelle ; ce qui est force et génie dans un homme supérieur, serait témérité et folie dans un corps politique. Si la loi d'ailleurs peut aider à l'établissement de la *vérité;* il y aurait complicité de mensonge dans son inaction.

Les secours de la *censure* ne sont pas à dédai-
gner; si elle est impuissante dans le passé et
pour les *douanes*, ses forces sont immenses
sur d'autres points. « La vérité a besoin de se
renouveler pour vivre, » il lui faut revêtir les
formes de chaque époque; l'erreur a des conditions plus dures, ce n'est point par choix que le
libéralisme est un *Protée*. — « Voltaire, indi-
viduellement considéré, ne signifie plus rien,
trop de personnes pensent comme lui; il a disparu absorbé dans le voltairianisme ». — L'a-
théisme, il est vrai, a passé de mode; mais nous
avons la religiosité sentimentale. Après d'Hol-
bach il est venu Cabanis, et Volney a mieux fait
que Diderot. On s'est dégouté des impiétés gros-
sières, et des déclamations furibondes; mais chacun absout ou condamne « toutes les révélations, tous les sacerdoces; tous les livres saints...
l'Evangile comme le Coran... La science de l'absurde est la condition de la science du vrai» (1).

(1) J'ai été trop sensible aux politesses de Messieurs du
Globe, pour ne pas citer en entier leurs doctrines, et mériter
de nouveau leur bienveillance. « Les intelligences se sont
proclamées souveraines chacune de leur côté. Cette anarchie
des esprits est aujourd'hui notre premier bien, notre vie....
Et voilà pourquoi la loi a consacré l'anarchie. Ainsi sont tombés sous la juridiction de chacun, toutes les révélations, tous

On a froidement aligné tous les produits de la cervelle humaine ; ils ont reçu pour mot-d'ordre, *égalité* et *tolérance*. Le ciel et l'enfer en seront réduits à se jurer *fraternité...*

Les pamphlets de la Belgique, les éditions même de Voltaire ne circuleraient pas si facilement ; à supposer que les colporteurs fussent punis avec sévérité ; que les mauvais livres fussent poursuivis et jugés. Mais il est un objet au-dessus de toutes ces considérations, un objet décisif pour les destinées de la *monarchie* et du *catholicisme* en France ; c'est l'éducation de la jeunesse. Sans la *censure*, les efforts sont inutiles, le but est impossible. Les *capacités courageuses* n'y peuvent rien, pas plus que les *hommes* du *repos* et les *esprits timides*. Le libéralisme a fait l'essai de ses poisons, leur effet est connu. « L'homme, malgré la noblesse de ses facultés, la divinité de son âme, apporte la corruption en naissant. » Il n'est pas donné à de

les sacerdoces, tous les livres saints... L'Évangile comme le Coran... Le spiritualisme ne réclame point la liberté pour lui seul... La science de l'absurde est la condition de la science du vrai... Pour interdire l'absurde, il faut une douane ; l'inquisition devient une nécessité, et l'inquisition, c'est la mort. »

jeunes intelligences de se défendre contre la domination des sens , contre l'entraînement des
passions. Le livre qui flattera les sens , qui ca-
ressera les passions , aura toujours raison ; et le
plus mince des journalistes peut défier tous les
Pères de l'église.

Ne ravalons pas la nature humaine , mais ne
l'exaltons point outre mesure ; et surtout que
l'on n'aille jamais contraindre le ciel à des miracles. «Douze apôtres, à une époque de corruption profonde , ont conquis la plus belle part du
globe ; alors la doctrine dominante était un épi-
curéisme absolument semblable à celui de notre
ère. Ces apôtres n'ont appelé à leur secours ni
la censure ni la police.» Les apôtres avaient
reçu beaucoup mieux ; et , comme le dit Bossuet
de saint Paul : «Le Saint-Esprit lui a fait connaître que la volonté du père céleste, c'est que
cet ouvrage divin soit soutenu par l'infirmité.»
Cùm enim infirmor , *tunc potens sum* , nous dit
saint Paul lui-même. Faudra-t-il donc que le miracle de la *rédemption* se renouvelle , pour nous
sauver du libéralisme ?

Le gouvernement fera bien de n'y pas compter ; les libéraux ne croient point aux *miracles*, et ils craignent la *censure*. La jeunesse en effet, nourrie de fortes études, pourrait lire les pamphlets et juger le voltairianisme. Quand la religion pourra donner ses enseignemens, avant que le cœur ne soit dépravé ; quand une forte application et des travaux sérieux exerceront l'intelligence des jeunes gens, avant que les sophismes du mensonge et les formules de l'ignorance ne s'en soient emparés ; les libéraux ne seront plus à craindre. Toute l'artillerie des *résumés*, toute la mitraille des *journaux*, expireront devant les véritables développemens de l'histoire, et des doctrines sociales profondément établies.

La révolution, avec ses échafauds, est restée bien loin de tout ce que le libéralisme a opéré depuis dix ans. Ce n'est que depuis 1814, que les masses populaires ont été pénétrées en tout sens. On a soumis aux boutiquiers de Paris, aux industriels des provinces, tous les problèmes les plus élevés de l'ordre moral et politique. Tout homme qui paie *cent écus d'impôt*, se croit sérieusement le droit de se moquer de l'Evangile comme d'un ancien préjugé, et de siffler la royauté comme une vieille décoration. Je ne sache rien de plus misérable au monde que cette impudence d'un demi-savoir, cette ignorance lourde et tranchante.

Les nobles instincts de l'âme, les inspirations de la foi, sont difficiles à exciter chez des hommes engloutis dans l'industrie et la personnalité. Toute l'activité s'est portée sur la matière et les grossiers intérêts de la vie. Pourtant, il faut que la science et les lumières aient pour contre-poids, la foi et les vérités religieuses. Si cet équilibre n'est pas maintenu, il n'y a plus qu'aveuglement et corruption. Je le demande, la religion a-t-elle marché à l'égal des sciences et de l'industrie ; l'église est-elle en vénération comme les industriels et les savans ? On sait à quoi s'en tenir ; il n'y avait que la censure qui pût nous garantir d'un tel débordement.

J'explique ma pensée tout entière. La situation morale de la France est fort compliquée. Il faut embrasser le domaine nécessaire de la foi , et le champ désormais conquis de l'intelligence. Autant il est absurde de retrancher de la nature humaine, la partie la plus noble et la plus élevée ; autant il serait ridicule d'imposer l'instinct et l'exaltation. Des objets qui étaient restés dans une nuit profonde, sillonnés seulement par quelques éclairs, ont été produits au grand jour. Mais la foi catholique avec ses dogmes, la royauté avec ses grands attributs; voilà ce qui doit être imposé à la médiocrité rebelle, à la turbulence ambitieuse. — La censure ne peut tout faire à elle seule; elle ne peut empêcher le mal déjà fait, j'en conviens. Mais ne croyez pas que le marchand quitte son comptoir, et encoure une amende, pour acheter des écrits clandestins, ou des livres condamnés; les traditions vieillies du mensonge iront en s'affaiblissant. Il n'y a plus d'enthousiasme nulle part, pas plus pour le mal que pour le bien; et au-dessus d'une société apathique, on ne voit surgir que les intérêts cupides et les dédains de l'indifférence.

L'argument le plus spécieux contre la *censure* est, sans aucun doute, l'*ordre constitutionnel* dont on la suppose destructive. La Charte, a-t-on dit, est tout entière dans la liberté de la presse; il n'y a point de régime représentatif sans cette liberté. Il faut s'entendre, et je répondrai franchement. Si la Charte a voulu organiser le régime parlementaire de la Grande-Bretagne, les *chartistes* ont raison; la censure est destructive. Mais les *chartistes* se sont fait illusion, et nous n'avons point sorti du régime

monarchique. Je sais bien que l'on s'est efforcé
de ployer la monarchie sous la Charte; encore
une fois, c'était cette Charte qui devait se mou-
voir et s'organiser dans la monarchie. Là est
toute la difficulté.

Que les chambres entourent le trône, qu'elles
soient de grands corps politiques, ce n'est pas à
dire que les *journalistes* et l'*opinion* soient ap-
pelés à faire les lois. Cette France, en effet,
n'est-elle plus *folle de l'égalité?* Et cependant,
vous invoquez un trône héréditaire, une pairie
transmissible et d'autres distinctions encore. Le
règne de l'*opinion* est le règne de la *majorité;*
c'est retomber dans la république, dans les dé-
lires de la démagogie.

Est-il dans le pays une seule barrière contre
les envahissemens de l'opinion déchaînée? La
pairie; vous vous abusez étrangement. Pairs de
France, il est un parti dans lequel votre procès
est déjà jugé; laissez venir le *grand jour,* et le
rabot de l'égalité passera impitoyablement sur
vos têtes! Ne se souvient-on plus d'un temps,
où les journaux parlaient à peine de la chambre
des pairs, où les libéraux ne regardaient que les

députés ? Ce temps était celui où la noble chambre, repoussait les élections démocratiques et les
prétentions de la foule. Les pairs ont depuis été
célébrés par toutes les trompettes libérales ; c'est
que le droit d'aînesse, les priviléges de succes-
sion avaient déplu aux *nobles seigneurs ;* c'est
que la pairie française semblait se déclarer pour
la souveraineté de l'*opinion*, de la majorité
populaire.

L'essai a été fait. Chacune des deux chambres
a été flétrie tour à tour ; l'opinion n'a rien res-
pecté ; la royauté elle-même a été outragée dans
son sanctuaire. Les journalistes agitent froidement jusqu'à quelle époque le Roi peut renvoyer
ses ministres, après quelle autre il devra s'en
aller avec eux (1). Si l'opinion doit gouverner,
le Roi n'a qu'à descendre du trône ; on l'a dûment
averti. Charles X est *solidaire* de la désaffection publique, puisque le ministère a *resté* (2).

(1) Le journal *du Commerce.* « La dissolution de la garde
nationale a été un événement ; l'élection de M. De la Fayette
en est un autre. Il serait encore possible à une administration
nouvelle de transiger avec la France : qui sait si dans deux
ans cette transaction serait praticable. »

(2) Le ministère, dira-t-on, dans notre système de gou-

Imprudens qui se sont trahis! ils avaient tant fait pour soutenir en France l'échafaudage des fictions anglaises! et voilà tout à coup qu'ils renversent leur ouvrage. Ils ont bien senti qu'un petit-fils de Louis XIV ne serait jamais le mannetien d'un *parlement*.

Il y avait une dérision trop maladroite, dans ces perpétuels rapprochemens de l'olygarchie anglaise et de la monarchie de France. On ne pouvait parler sérieusement d'un *Roi* dans la Grande-Bretagne ; ce n'est pas même une relique curieuse et vénérée, on irait la consulter plus souvent. Le *parlement ;* voilà le souverain régnant en Angleterre, souverain véritable, qui consulte ses pensées et dédaigne l'opinion qu'il n'a pas faite.

Comment donc arguer de la liberté de la presse en Angleterre? eh! que peuvent les journaux et la presse contre une olygarchie aussi compacte que ce parlement anglais! on l'a vu, quinze ans, allumer la guerre continentale, mal-

vernement, demeure seul solidaire de la désaffection publique. Oui, quand il s'en va. Non, quand il reste.

(Extrait du Courrier Français.)

gré les cris de la cité et les apostrophes de l'opposition. On le voit repousser toujours les radicaux et la réforme; et démolir, depuis cinq ans,
cet édifice de l'*acte* de *navigation*, que les masses
industrielles regardent encore comme le *palla-
dium* de leur fortune.

Que l'on montre en France ces corps gigan-
tesques, qui possèdent toutes les richesses terri-
toriales et industrielles, exercent toutes les sortes
de puissance matérielle; et la liberté de la presse
sera possible. Quand l'opinion est bonne, on doit
s'en réjouir; comme on la brave, quand elle est
mauvaise. Ainsi fait le parlement anglais.

Singulier destin de cette *reine* du *monde* tant
prônée! quand on l'écoute, c'est qu'on la peut dé-
daigner. Là où elle se ferait obéir, il faut l'inspirer
et la conduire; ainsi a toujours fait la monarchie
de France. La presse, il est vrai, a servi une fois
à renverser un ministère libéral; est-ce une raison pour lui continuer obéissance, si elle doit
briser le sceptre dans les mains du *Roi très-
chrétien*. La royauté, avec tous ses prestiges,
pourrait-elle se défendre long-temps contre les
attaques de l'opinion? les chambres se défen-
draient-elles davantage? les faits déposent contre

une telle puissance.: il n'y a donc qu'à opter
entre le *Peuple souverain* et la *Censure*.

Le régime parlementaire a séduit un instant
les royalistes eux-mêmes, enivrés qu'ils étaient
des défaites répétées du libéralisme. Qu'ils voient
maintenant où conduisent ces triomphes! Les libéraux ont fait d'immenses conquêtes depuis
1820. Il n'est de refuge pour le pays, que dans
cette monarchie qui l'a gouverné quatorze siècles.
L'*indépendance* de la *parole* peut avoir son orgueil et sa noblesse ; je ne verrai jamais qu'une
folle audace à méconnaître le génie des nations.
Que la république et ses libertés aient pris racine
quelque part, nous savons ce que la presse et sa
licence ont produit dans le royaume.

Je ne parle plus des blasphèmes de Diderot,
des mensonges de Voltaire, imprimés et répan-
dus sans relâche.

Mais c'est la presse qui nous a donné la *gent
libérale*, ignorante et bavarde par nature ; secte
médiocre et infime, s'il en fut jamais. La religion, l'histoire, la politique; tout a été faussé
et raccourci pour les intelligences industriel-

les. Au moment où j'écris ; des millions de
publicistes parlent couramment des Amériques,
de l'Espagne, du Portugal, de la Russie et de
l'Angleterre. Que sera-ce de la France ? Des bour-
geois en uniforme se sont crus terribles ; ils ont
voulu enlever un ministère à la baïonnette. Des
écoles entières se sont constituées les oracles de
la science ; et tel qui la veille sollicitait un di-
plôme, ordonnait le lendemain des professeurs.
Une tourbe d'hommes sans métier a pris le métier d'écrire, les classes les plus ignorantes ont
voulu lire et juger. Tout a été absorbé par le
dogmatisme le plus ignare et la plus révoltante
ineptie. Voilà les lumières du *journalisme*. Si la
religion et la royauté ne commandaient pas la
censure, elle serait indispensable pour l'honneur de l'intelligence et des lettres.

C'est la royauté qui gouverne, en France ;
c'est la royauté qui doit faire l'*opinion*. Des pouvoirs ont été départis aux chambres ; il est naturel qu'elles concourent au mouvement, dans
la proportion de ces pouvoirs. Je n'ai point la
prétention d'exposer un système de *censure*,
après l'*opinion* de M. de Frénilly, dans la dernière session, après l'*écrit* si remarquable de
l'illustre auteur de la *Législation primitive*. Je

dirai seulement que, par l'organisation de la *censure*, telle que la comprend le noble pair, plusieurs scrupules constitutionnels doivent se calmer, et les plus graves difficultés disparaissent. Il est facile de n'avoir ni les Ephores de Sparte, ni la Police impériale.

Les acclamations de Saint-Omer ont cessé d'effrayer la foule crédule et mobile; on dit assez hautement que le ministère va livrer la bataille des élections, qu'il la hâte même au lieu de la différer. Les libéraux comptent pourtant sur la victoire; M. le baron Dupin et les soixante mille *électeurs de la France nouvelle* (1) paraissent invincibles.

La fameuse brochure de Syeyes, *Qu'est-ce que le Tiers-Etat?* n'a guère produit plus d'effet que la *Statistique électorale* de M. le baron Dupin. De toutes parts on disait les élections impossibles au ministère; et la France s'était en un instant couverte de libéraux. *Mamers* et *Meaux* étaient cités comme exemples; M. Du-

(1) Situation progressive des forces de la France depuis 1814, par M. le baron Charles Dupin.

pin et M. Lafayette, voilà les types choisis et
arrêtés par tous les colléges. Là aussi ont com-
mencé les bruits de coups d'État.

Je n'ai point de listes d'électeurs à ma dispo-
sition, je n'ai point de chiffres à opposer à M.
le baron Dupin ; et peut-être y a-t-il quelque ridicule dans ce *mundum regunt numeri*. Mais puisque les géomètres et les mécaniciens sont reve-
nus à la mode, il faut vérifier leurs calculs.
Je prendrai ceux-là même qu'ils croient le mieux
prouvés, et soit l'élection de *Mamers*. Dans les
deux premiers scrutins, il n'y a eu qu'une dif-
férence de trois voix entre le candidat royaliste
et le candidat libéral ; un autre royaliste obs-
tiné a emporté dix voix. Où donc se trouve la
force du *nombre ?* Là encore la royauté a trouvé
ses Fidèles ; car M. *Daillières* ne fait pas de con-
tre-opposition, il n'a fait qu'une maladresse.

Et voyez comme ces calculs si puissans, ces
chiffres si rigoureux sont frêlement échafaudés ;
la plus petite chose les fait crouler. Je ne suis
point un personnage important, je n'ai pas la
moindre liaison avec homme du pouvoir quel-
conque. Eh bien ! si j'eusse été à Mamers, au
lieu d'être à Hambourg, quelques jours de mai

seulement, le candidat libéral était repoussé, le candidat royaliste triomphait. Sans doute l'autorité locale ne sera point accusée de cette défaite ; et j'aime à me persuader que les royalistes ont fait leur devoir (1). Seulement je suis né à Mamers, ma famille l'habite, mon père est électeur ; il est tout naturel que j'y dispose de quelques voix. J'en pouvais donner cinq, dont trois peut-être ont été libérales ; dès-lors au second tour de scrutin, le président du collège était proclamé député. Je rougis en relisant ces détails, je sens toute l'inconvenance de parler de soi ; mais je suis lassé d'affirmations tranchantes, et il fallait une réponse arithmétique à ce dogmatisme en chiffres.

Pourtant les libéraux travaillent le *renouvellement septennal*; M. Dupin leur a donné l'éveil et rendu l'espérance. La lutte sera difficile, et les ministres seuls peuvent répondre du succès. Ce n'est pas toujours le gouverne-

---

(1) J'ai reçu beaucoup de renseignemens sur les manœuvres locales. Je ne veux accuser personne de tiédeur, personne de violence : c'est au gouvernement de veiller et de punir. Mais je m'empresse de rendre un hommage public à M. de R. pour son activité et son dévoûment.

ment qui a dominé les élections ; il est un parti
violent et audacieux qu'il faudra contenir. Dans
la nation électorale est une masse indifférente
et passive ; les libéraux vont l'activer et l'échauf-
fer à tout prix. Quand les déclamations seront
repoussées par le bon sens, les railleries auront
prise sur la vanité, et l'égoïsme redoutera la
calomnie. Les lampions et les sérénades, les menaces et les attroupemens suffiront au reste.

Il n'y a pas même de *liberté* dans la *licence*
des libéraux ; et la science du parti est aussi vio-
lente que sa politique. Le libéralisme flétrit ou
baffoue tout ce qui ne subit pas son empire.
Vous verrez la science libérale parquer les *idées*
comme des têtes de bétail ; et le génie d'un
grand peuple s'exprimera par deux chiffres, 55
ou 56. Tout ce qui a dépassé 55 ans, est dans la
génération rétrograde ; tout ce qui ne les a pas
atteints, se trouve dans la *génération progressive.*
On laisse à l'ancienne toutes ces vieilleries de la
foi catholique et de la *royauté ;* on jette à la
nouvelle l'*industrie* et la *liberté.* Quelle force
dé tête ! quelle hauteur de génie ! Il est bien
entendu, dans le parti, que les vieillards sont
ignorans et ineptes ; les jeunes gens, pleins de
science et d'esprit. Et c'est ainsi que l'on ose

traiter la plus noble partie d'une nation! encore
on ne veut être ni un *novateur*, ni un *faiseur*
de *systèmes* ; on prétend donner les conseils de
la sagesse et de la nécessité. Il n'y eut jamais
d'hypothèse plus folle, de système plus extra-
vagant que cette *Situation progressive* (1). On
sait bien à soixante ans ce qu'il faut accorder à
des besoins impérieux, à une activité dévorante ;
on sait bien à quarante ce qu'il faut imposer à
une industrie avide, à des esprits qui s'égarent.
Il est des écrivains au langage doucereux et pa-
cifique ; que l'on se garde bien de ces hommes à
la langue double, qui ont toujours des paroles
de respect pour la royauté qu'ils craignent, et
trouvent sans cesse des mots encourageans pour
la révolution qu'ils aiment.

Ceci me ramène aux élections ; j'ignore quand
et si elles auront lieu ; j'ignore ce qu'elles doivent nous apporter. Mais je prévois un acharne-
ment *libéral*, tel que le ministère ne l'a point
encore éprouvé. Les royalistes auront besoin
d'unir leurs efforts ; le pouvoir est surtout dans
la nécessité d'écarter tous les attachemens faibles, de répudier toutes les molles convictions.

(1) Ouvrage de M. Charles Dupin, déjà cité.

Si la foule a cessé de s'occuper du camp de Saint-Omer, les écrivains du parti s'agitent toujours dans la pensée de quelque grand changement. La certitude d'une élection libérale a ramené pour eux la nécessité d'un coup d'état. Admirable instinct du libéralisme ! il a senti que la royauté ne pouvait pas subir son triomphe (1).

« Des agitations, des secousses; tranchons le » mot, une révolution..... Je ne vois pas pour- » quoi je craindrais de dire ce que tout le » monde pense..... La cause du prince d'Orange » fut gagnée; le jour où déployant son éten- » dard sur le sol de l'Angleterre, il y fit lire au » peuple ces simples paroles : *je maintien-* » *drai* (2).

» Ajoutons que la session prochaine est né-

(1) C'est ici le véritable terrain des révolutionnaires, et je ne m'adresse plus à M. de Châteaubriant, outre que j'emprunterai tout-à-l'heure l'autorité de ses paroles. Les libéraux affublés de la légalité avaient quelque chose de contraint et de gène ; leur amour pour les Bourbons était étrange et pénible. Mieux valent leurs mouvemens libres et leurs cris spontanés.

(2) *Comment on fait des révolutions*, par M. Alexis de Jussieu.

» cessairement la dernière de l'assemblée qui a
» fait la septennalité. Un an de plus, et ce se-
» rait le *long parlement* de la monarchie ; ses
» pouvoirs seraient périmés. La France, suivant
» toutes les probabilités, ne paierait plus l'im-
» pôt (1). »

Messieurs, il n'y a plus de ménagemens à gar-
der, vos masques sont tombés ; vous appelez
hautement la révolte. Je le savais dès long-
temps, c'est l'expulsion des Stuart qu'il vous
faut. « Il passe pour constant, dans un certain
parti, qu'une révolution de la nature de la
nôtre, ne peut finir que par un changement
de dynastie ; d'autres plus modérés disent, par
un h angement de successibilité (2). » On con-
naît la république que veulent les uns, on sait le
prince d'Orange qu'appellent les autres.

Cette conspiration flagrante a vivement excité
quelques esprits religieux et royalistes. L'im-
pression du danger, l'inspiration de la crainte
n'ont pas toujours permis une juste mesure.

(1) *Seconde lettre à M. le rédacteur du journal des Débats,*
par M. de Salvandy.

(2) Monarchie selon la Charte.

Pour moi, je ne chercherai point l'origine du pouvoir royal, pas plus que je ne veux assigner son étendue métaphysique. Je n'attaque ni les Pairs ni les Députés; la monarchie ne sait point détruire, elle sait édifier. Mais la royauté ne périra pas sous les coups d'une faction; les partis que l'on ne contient plus par les lois, on les dompte par la force.

Nous n'en sommes pas là. La pensée de la royauté est toute vivante dans une des chambres; il est légitime de ranimer cette *pensée* affaiblie dans l'autre. La religion et la monarchie peuvent encore s'affermir par cette voie simple et paisible. Combien de choses deviendraient faciles, avec une loi de la presse qui réduisît les déclamateurs au bon sens, et forçât les brouillons au silence ! Quand la politique sera une *science*, qu'il faudra la connaître pour en parler; la société abandonnera un champ où l'on ne l'avait attirée que pour l'égarer, le sacerdoce et la royauté retrouveront leur place et leur fondement.

Je ne voudrais pas que l'on se méprît à mes paroles; je n'ai l'honneur de connaître aucun des ministres du Roi, et je suis tout-à-fait étran-

ger aux résolutions du gouvernement. Si j'essaie
de pénétrer l'avenir, je n'ai jamais reçu de con-
fidences ; ce que je puis dire retombe sur ma
tête !

Ce n'est pas que je partage l'effroi de plusieurs royalistes, et pourtant les circonstances
sont graves. Comme en 1816 on disait les
royalistes *inhabiles* et en minorité ; aujourd'hui,
on les dit *faibles* et perdus, parce que de
bruyantes défections ont éclairci leurs rangs. Il
est vrai que la mort a abattu des têtes vénérables, et qu'une faction impie bondit de joie sur
les tombeaux de nos pères ; mais la faulx de
M. le baron Dupin (1) a été plus vîte que la
mort.

Vous comptez, Messieurs, sur la génération
nouvelle pour appuyer la révolte ; la jeunesse
que vous soulevez dans les écoles, prend dans ses
foyers les habitudes de l'ordre et les besoins de
l'indifférence. Puis, ne comptez pas sans nous,
Messieurs ; il est une jeunesse fervente par sa

(1) N'y a-t-il pas dans cette joie de M. Dupin et de nos
libéraux , quelque chose qui ressemble aux danses des sau-
vages, autour des cadavres qu'ils vont dévorer?

foi, dévouée par ses doctrines. Vous l'oubliez,
parce qu'elle n'est ni bavarde ni turbulente ;
vous la trouverez au jour du danger, elle sera
sur les marches du trône. Si vous appelez la tem-
pête, si le tonnerre vient à gronder ; la Provi-
dence du pays est la *royauté*, il faut obéir à ses
décrets. Une monarchie de quatorze siècles ne
s'engloutira pas, pour réaliser les rêves de dix
années.

C'est ici qu'il faut rappeler les paroles d'une
grande reine, qui dompta les parlemens rebelles
et donna Louis XIV à la France : « Il y a de la
révolte à supposer qu'on puisse se révolter ; ce
sont là les contes ridicules de ceux qui la veulent, l'autorité du roi y mettra bon ordre. »

Mais que la France se rassure ; docteurs de la
résistance passive, vous paierez l'impôt ; fanfa-
rons de la *révolte*, vous ne bougerez pas. Ces-
sez de nous effrayer avec les soldats de l'empire
et les forfanteries britanniques. Qu'y a-t-il de
commun entre les manœuvres de l'industrie,
et les vainqueurs de l'Europe ? M. le Dau-
phin et l'armée d'Espagne, nous répondent de
M. Canning et de ses radicaux. S'il a fallu le canon de la Bidassoa, pour donner une armée aux

Bourbons ; le canon qui tonnerait à Madrid et à Lisbonne, assurerait mieux que jamais l'avenir de la dynastie.

Et par quelle fatuité ridicule vous faites-vous donc les héritiers d'illustres victoires ? Il vous sied bien de parler de Marengo et d'Austerlitz, après les pauvretés de Béfort et les lâchetés de Saumur. Berton et ses *trois cents* n'osent entrer dans une ville à moitié complice ! Dix chouans avec leur crucifix, l'auraient soumise au nom du Roi. Nous aussi, nous sommes les Français de ces grandes journées, dont on veut nous effrayer. L'émigration ne se fera pas deux fois. Osez planter votre drapeau ; et nous combattrons sur les tombeaux de nos pères, pour l'autel et pour le trône.

J'ai l'honneur d'être, etc.

CHAUVIN.

Paris, le 3 août 1827.

www.ingramcontent.com/pod-product-compliance
Lightning Source LLC
LaVergne TN
LVHW022040080426
835513LV00009B/1154